AF339776

LE CANON D'ALARME

MŒURS, POLITIQUE, INDUSTRIE
BEAUX-ARTS, THÉATRE

GUERRE AUX ABUS !

PUBLIÉ

PAR M. ALLAIN

AVOCAT

Prix : 25 Centimes

PARIS

DÉPOT CENTRAL, RUE DE SEINE-St-Gn, 6

ET

CHEZ TOUS LES DÉPOSITAIRES

LE
CANON D'ALARME

Guerre aux abus !

Pendant vingt ans, nous avons désiré, souhaité, rêvé la République ; mais, nous devons le dire, quand la République a été proclamée, nous avons éprouvé plus de surprise que de joie, et ce n'est pas sans inquiétude que nous avons vu si prématurément notre espérance réalisée.

C'est avec bonheur cependant que nous avons salué cette subite aurore, car nous pensions qu'elle précédait et annonçait un jour resplendissant et pur ; mais, dans le ciel inconnu qui se déroulait sur notre tête, nos yeux, en fouillant du zénith à l'horizon, ont vainement cherché à découvrir quelque phare lumineux, une seule étoile allumée par Dieu pour nous guider dans la route nouvelle qui s'ouvrait devant nous.

Des astres sans éclat se croisaient dans l'espace, se heurtaient dans l'étendue, et, après avoir tracé un faible sillon de lumière, allaient se perdre et s'éteindre dans l'immensité.

1

A l'heure qu'il est, nos yeux fixés au ciel attendent encore le
ever de l'étoile qui doit illuminer nos voies, et absorber dans
ses rayons les feux trompeurs qui, en éblouissant nos regards,
ont failli nous précipiter dans l'abîme.

.˙. Il est fortement question de dresser des barricades contre
le ciel et de déposséder Dieu de son empire.

.˙. Nous avons entendu traiter Jésus-Christ de jésuite, et,
franchement parlant, nous sommes un peu de cet avis-là.

.˙. On ne citerait pas un seul humanitaire qui soit né d'une
vierge. Au contraire !

.˙. D'après un travail inédit de l'archiviste Peuchet, sur la
Statistique morale de la famille en France, le nombre des
adultérins, des bâtards et des enfants trouvés, aurait, depuis
la première année du règne de Louis XIV jusqu'à la dernière
année du règne de Louis XV, grandi dans la proportion de 1 à
2, et dans celle de 1 à 4 jusqu'à la dissolution du Directoire.
Si la progression n'a pas discontinué, comme tout porte à le

croire, ce nombre a dû croître de 1 à 8 jusqu'à la Révolution
de février. Cette progression vraiment effroyable, donnerai
l'explication catégorique des attaques aujourd'hui si multi-
pliées contre le dogme de la famille, et, par suite, contre le
droit de la propriété, dont les trois quarts environ des penseurs
nouveaux se trouvent simultanément privés par les fautes de
leurs pères et le vice originel de leur naissance. Dans un moment où quelques législateurs se proposent de faire exclure du
droit au suffrage universel, admis d'ailleurs en principe, tous
ceux qui seraient dans l'impossibilité d'offrir à la gestion des
affaires du pays les garanties sérieuses de l'esprit de famille,
le chiffre de cette statistique a surtout besoin d'être scrupuleu-
sement vérifié.

.˙. La constitution écrite d'un peuple, ne pouvant et ne
devant être que la traduction sérieuse de sa constitution morale, on comprend tout l'embarras des traducteurs qui se sont,
chez nous, chargés de débrouiller le texte.

.˙. La politique est un jeu dans lequel les grecs forment la
majorité des joueurs ; tel coup brillant qui fait pâmer d'ad-
miration les niais de la galerie, n'est qu'un tour d'escroc qui
mériterait sinon les galères, au moins la transportation.

NOTE A L'ADRESSE
DU CITOYEN LAMENNAIS.

Nous recommandons à l'ex-rédacteur du *Peuple Consti-
tuant* l'extrait suivant, emprunté à une traduction de l'*Imitation*, publiée par un certain abbé de Lamennais qui est, je
crois, de sa très-intime connaissance.

« La paix, c'est l'ordre parfait, et le trouble, les dissen-
« sions, la discorde, la guerre, ne sont entrés dans le monde
« que par la violation de l'ordre ou par le péché. Aussi point
« de paix où règne le péché ; point de paix dans l'homme dont
« les pensées, les affections, les volontés, ne sont pas en tout
« conformes à l'ordre ou à la vérité et à la volonté de Dieu ;
« point de paix dans la société dont les doctrines et les lois
« s'écartent de la loi et des doctrines révélées de Dieu.

« Et quiconque, homme ou peuple, brise cette loi, nie ces
« doctrines, ne fût-ce qu'en un seul point, cet homme, ce
« peuple rebelle à Dieu, subit à l'instant le châtiment de son
« crime ; un malaise inconnu s'empare de lui ; je ne sais quelle
« force désordonnée le pousse et le repousse en tous sens, et
« nulle part il ne trouve de repos. Comme Caïn après son
« meurtre, il a peur. Non, la paix n'est en effet que pour les
« enfants de Dieu : « Ils la goûtent en eux-mêmes, et la ré-
« pandent sur les autres. »

(IMIT. II, 3.)

L'IVROGNE ET LA PORTE SAINT-DENIS.

Un lundi, soir je passais sur le boulevard Saint-Denis. (
jour-là, le peuple du dix-neuvième siècle, pour se récupér
du dimanche que l'industrie lui dérobe, se livre à des déla
sements tout philosophiques et argumente, verre en main
non dans les clubs, mais au fond des cabarets. Il fait marche
de front la litharge et les réformateurs qui se chargent de so
estomac et de sa conscience.

Au moment où je passais dans l'ombre de la porte Sain
Denis, j'entendis à trois pas des grondements étranges; u
homme ivre étreignait le monument, comme le ferait u
crocheteur emporté par l'énormité de son fardeau.

Par pitié, je lui pris le bras. — « Où demeurez-vous, mo
brave homme ? Venez et fiez-vous à moi, je vais vous recon
duire. »

Une explosion de blasphèmes répondit à ma proposition
l'ivrogne dégagea ses mains de mes mains, avec une espèc
d'effroi. Je ne suis pas timide ; j'insistai. La situation de c
malheureux était vraiment déplorable ; son œil éperdu voyai
tourner la terre ; il se raidissait à faire trembler pour lui.

« Retirez-vous, me cria-t-il, et prenez garde à ce que vous
faites. Lâchez-moi ! sinon vous allez occasionner un malheur.
Au lieu de me déranger que ne m'aidez-vous? »

Après l'examen des lieux, je me consultai sur le sens de
ces paroles. « Et comment vous aider, mon brave?

— Voilà ! me dit-il. Je sortais bien tranquillement de chez
marchand de vin d'en face et d'avec des amis, quand j'ai
tout à coup la porte Saint-Denis qui chancelait de droite à
auche. Elle écrasera le quartier si je ne la soutiens. Soulagez-
oi vite, en me donnant un coup d'épaule. »

L'explication était délicieuse et partait d'une belle âme. Je
ouris, et, en m'éloignant, je songeai malgré moi aux rêveurs
ui, sortis du cabaret de l'utopie, où ils se grisent, eux, avec
es boissons philosophiques, s'imaginent, à leur tour, que l'hu-
manité a besoin qu'ils lui viennent en aide.

∴ Les Socialistes ignorent complétement *le passé* contre
lequel ils sont en insurrection permanente, travaillent à rendre
le présent insupportable, afin de s'adjuger à tout prix des pro-
sélytes, et sont dans la plus complète incertitude sur les chemins
à prendre pour aborder le terrain *de l'avenir*.

∴ Fixez donc, s'il vous plaît, le prix,
Qu'entre eux ont les nouveaux apôtres,
Quand rien n'est égal au mépris
Qu'ils ont tous les uns pour les autres.

GRÊLE D'EXPLOITS.

Les noirs limiers de justice, vulgairement connus sous le nom d'huissiers, déploient en ce moment une ardeur vraiment effroyable.

C'est chose inouïe que les persécutions et les exactions qu'ont à subir les malheureux débiteurs, aux trousses desquels sont aujourd'hui lâchés ces bas agents de la plus basse justice.

Protêts, dénonciations, jugements, saisies, à l'heure qu'il est, tout cela pleut dans Paris; en aucun autre temps, on n'a grossoyé autant de papier timbré; chaque matin, en quelques traits de plume, ces Messieurs consomment, d'un tour de main, la ruine de plus de cent honorables pères de famille.

Et dans ce siècle de fraternité, la justice ferme les yeux et laisse faire, et les abus se multiplient sans répression ni châtiment.

Ainsi, un pauvre diable, souscripteur d'un billet de 45 fr. qu'il ne fut pas en mesure de payer à échéance, se trouve, à l'heure qu'il est, débiteur d'une somme de 462 fr., ni plus ni moins, bon compte; c'est-à-dire que l'honnête huissier chargé des poursuites a su faire pour 417 fr. de frais!!!

Est-ce qu'il ne serait pas juste d'attacher le nom de ce misérable au pilori de la publicité!!!

.˙. Les banquiers qui prêtent à la grande semaine, et leurs collègues, les usuriers, qui prêtent à la petite, frappent volontiers l'argent, dont ils se servent pour ce commerce, du sobriquet flétrissant que l'histoire applique aux favoris de Henri III.

.˙. La Vérité préside au choix des mots pour la qualification de nos actes, et les fustige traditionnellement par sa persistance épigrammatique. En voulez-vous une preuve? la voici : — PRÊTER cent sous à cinq pour cent, ce n'est certainement pas en PRÊTER quatre-vingt-quinze, puisque l'on doit en redemander cent, et ce n'est pas non plus en PRÊTER cent, puisque l'on commence par en retrancher cinq. Ce n'est pas davantage *donner* ou *vendre*; et d'ailleurs, que signifierait, dans le dernier cas, VENDRE A CINQ POUR CENT? Le langage a forcément ses pudeurs, ou, si vous l'aimez mieux, ses hypocrisies consacrées. Ici la Vérité place un pistolet sur la gorge du voleur qui balbutie et qui s'exprime comme un lâche. L'action qu'il fait là, c'est, comme Bossuet aurait seul maintenant la témérité de le dire, un je ne sais quoi qui n'a de nom dans aucune langue.

.˙. Le goût de la dissipation, l'esprit de désordre et les chômages accidentels de l'industrie sont, par le fait, le plus magnifique patrimoine et le champ le plus productif qu'un usurier puisse exploiter au milieu des hommes.

CHANT D'EXIL.

En mer, août 1848.

Le rivage s'est évanoui ; l'horizon ne forme plus qu'un vast
cercle autour des regards. Le vaisseau qui nous emporte loi
de la France cingle à pleines voiles sur l'immense étendue d
l'Océan ; et, déjà les oiseaux, fatigués de nous suivre, retour-
nent rapidement vers leurs promontoires disparus.

Mes yeux se mouillent ; ma poitrine éclate... !

Condamné sans savoir à quoi, je pars !... et je n'ai pas même
revu mon père !... je pars, et je n'ai pas embrassé la triste
femme dont le dévouement va se trouver trahi par mon exil !...
je pars, et je n'ai pas salué d'une larme de repentir le cime-
tière misérable où les mains du fossoyeur ont enseveli nos deux
enfants.

Nous perdons en un clin d'œil le climat dont nous respirions
l'air dès notre enfance, les relations qui sont le charme et la
substance même de la vie, nos habitudes les plus familières, et
ces mille riens si précieux, par lesquels chacun de nous avait
pris racine jusque dans les entrailles du sol.

Ce n'est pas impunément que l'on transplante les fleurs.

A plus forte raison les âmes.

Malgré le vif éclat dont les rayons du soleil pénètrent unifor-
mément le miroir des mers, ne semble-t-il pas qu'un horizon
de plus en plus obscurci nous enveloppe?

Je le sens et j'en fais l'aveu. Oui, ma condamnation est méritée.

Mais devant qui donc m'agenouiller, mon Dieu, pour le repentir ?

Serait-ce, par hasard, aux pieds de ceux qui me condamnent [1] ? Pardonnez-moi, Seigneur ? mais ma conscience frémirait de honte en mettant à jour sa culpabilité si leur conscience était assez aveuglée pour se proclamer intacte.

Est-ce que ce n'est pas dans leurs rangs que j'ai trouvé mes précepteurs et mes guides !

O mes compagnons d'exil ! étaient-ils sincèrement nos frères, ces hommes d'amertume qui nous accusent maintenant d'un attentat contre la fraternité ?

Est-ce qu'ils n'ont pas été pendant cinquante ans les serments instructeurs de la guerre civile ? Est-ce que ce n'est pas au fond de leurs gibernes que nous avons pris nos cartouches ?

Dès le berceau, vous et moi, nous avons sucé le lait de leur incrédulité fanatique. Avec des pamphlets, avec des romans, avec des rêves, ils nous ont inoculé le désir violent de renouveler et de transformer la face de ce monde.

Nous les considérions comme des architectes ; ils nous ont enrôlés comme des démolisseurs.

Notre génération, décimée par tant de colères, doit à ces

1 L'exilé prend ici ses juges à partie ; mais, ce qui peut être fort légitime à propos de tel ou de tel juge tombe nécessairement dans le faux dès que l'on ne distingue pas ; — à moins cependant que l'accusation ne se transporte au siècle tout entier par une métaphore hardie. On passe quelque chose aux poëtes ; à plus forte raison aux exilés ! Chaque lecteur, ainsi que nous, fera ses réserves.

hommes l'idolâtrie de sa propre personnalité, — cette idolât
qui place l'orgueil si haut vis-à-vis de ses semblables et qui
tient dans l'isolement absolu de Dieu.

Ce sont leurs doctrines qui nous ont exaltés. Ce sont leu
égoïsmes qui nous précipitent.

Le sourd instinct de l'ordre les a reveillés sur le bord
l'abîme au moment où nous tirions les conséquences des pri
cipes qu'ils nous avaient enseignés.

Nous ne sommes que les éditeurs de leurs œuvres, et not
châtiment nous vient de nos séducteurs.

Ainsi, — pour se traduire sans doute une fois de plus à not
âme dans les révélations foudroyantes de l'adversité, — Dieu,
qui ne nous poursuit que parce qu'il nous aime , — se se
contre nos passions des passions auxquelles nous n'avons p
rougi de l'offrir déplorablement en sacrifice !...

En vain, mes amis, dans la résolution insensée de l
ployer à la forme de nos désirs, heurtions-nous les pilie
de l'Ordre. L'Ordre est debout ; et nos douleurs, dont no
prétendions lui faire un crime, ne sont que les répercussio
de notre témérité.

Non, non ! mille fois non ! la fraternité ne vient pas d
hommes.

Sa source descend de plus haut.

Au fond du gouffre où le poids de notre volonté perdue no
entraîne, le type resplendissant de la fraternité ne peut des
cendre, si ce n'est de la profondeur des cieux.

Les hommes n'ont contre ces hommes que le droit païen d

force ; et ce droit impur manque de sanction au fond de
os consciences ; et nos protestations seules en triomphent,
lors même que nous périssons écrasés.

Faites, ô Seigneur, que tous les yeux soient un jour aussi
ésillusionnés que les miens ! Faites que mes tristes frères se
ourbent dans le repentir aux pieds de la Croix ! Faites que la
rance revienne aux jours oubliés de la famille et de l'amour.
aites que les adversités du coupable soient des primes d'en-
ouragement pour ses remords !

Henry Léon.

.˙. En février, sous le rapport des études, les républicains
étaient en pleines vacances, et la République a fort mal pris
son temps en frappant à leur porte.

.˙. En entrant dans la République, ils se sont crus dans le
carnaval.

.˙. Il faut bien que l'esprit d'ordre répare les sottises de
l'esprit de désordre, ne fût-ce que pour le mettre à même de
pouvoir recommencer.

.˙. L'inconvénient, toutes les fois qu'il s'agit de mettre au
jour la Liberté, c'est d'être contraint de recourir à l'opération
césarienne.

.˙. La politique des gens à teinte cramoisie consiste tout sir
plement à se dire, sans autre mot d'ordre, en cas de succès
Brouillons toujours les cartes à bon escient, tôt ou tard les
nous viendront peut-être.

L'allégorie d'Hercule entre la sagesse et la Volupté nous re
présente avec une merveilleuse exactitude la position d'u
personnage devenu historique, et sur lequel tous les yeux son
fixés en ce moment. Placé entre deux partis qui se le dispu
tent et qui voudraient l'attirer et le pousser dans leurs voie:
il examine et hésite encore. Mais l'incertitude ne peut lui êtr
longtemps permise, et l'heure où sa résolution devra être pris
est sur le point de sonner. Un abîme est à l'extrémité d'une de
routes ouvertes devant lui ; la gloire est au bout de l'autre
laquelle prendra-t-il ?

.˙. On accusait un représentant du peuple d'avoir chang
sept fois de façon de voir politique depuis le 24 février. Aprè:
avoir fait lui-même l'énumération sur ses doigts, trouvant le
calcul parfaitement juste : — C'est vrai ! répondit-il ; mais je
me rabats sur l'excuse de la Samaritaine ! Je ne les avais pas
épousées !...

.˙. La première condition pour renouveler l'ordre social de fond en comble, c'est de refondre l'homme lui-même dans un nouveau moule, absolument comme s'y prennent les fondeurs de cuillers d'étain.

.˙. La similitude entre ces deux œuvres peut se formuler de la sorte à l'image d'une règle de trois :

$$\text{Fondeur} : \text{Cuiller} :: \text{Dieu} : x = \text{l'homme.}$$

La *Démocratie* soi-disant *pacifique*, indignée de l'intervention non armée de la France dans les affaires d'Italie et de la nouvelle entente cordiale avec l'aristocratique Angleterre, a imprimé deux jours de suite, en gros caractères, au front de la première colonne, cette phrase de bravache :

NOUS MARCHONS A LA MORT PAR LE DÉSHONNEUR.

Tudieu ! maître Considérant, comme vous y allez ; vous ne nous marchandez pas l'expression, et l'on a raison de dire qu'il n'y a rien de si terrible qu'un homme doux, une fois qu'il entre en colère ; mais bast ! nous le savions depuis long-temps, vos airs pacifiques n'étaient que de l'hypocrisie et votre titre qu'un audacieux mensonge. Vos aspirations à la paix et à

la concorde sont proportionnelles à votre patriotisme, et sur
dernier point vos lecteurs sont parfaitement édifiés. On vo
connaît, beau masque.

.˙. Procurez-vous le plaisir de prendre à part un socialist
de chaque espèce pour le consulter sur ce qu'il pense de
autres, et vous me direz ensuite les chances de réalisation qu
présentent les rêves d'associaition universelle.

.˙. La question de fraternité s'agite, en ce moment
d'Étéocle à Polynice.

.˙. On a mille et mille raisons de croire que nos incrédule
n'ont jamais été visités par le Saint-Esprit.

.˙. Un ouvrier demandait une comparaison à son camarade
afin de saisir l'énigme de M. Proudhon sur la réciprocité du
crédit. — C'est, lui répliqua l'autre, comme qui dirait le Mont-
de-Piété ne nous prêtant plus qu'à douze pour cent de moins
par an.

.˙. La réciprocité du crédit ne saurait marcher dans le sys-
tème de M. Proudhon, qu'en regard de l'organisation inté-
grale des corps de métiers. Pour obtenir une consultation
lumineuse sur ce chapitre, il faut se rendre chez le citoyen
Considérant.

VIEILLE HISTOIRE.

Un chanoine de la Franche-Comté avait préféré l'exil au serment constitutionnel ; son évêque, homme d'une foi plus accommodante, était resté d'aplomb sur son siége. L'Empire ouvrit les portes de la France au réfractaire, et un beau jour le prélat et le chanoine se retrouvèrent face à face.

A la vue du revenant, grand fut l'embarras de l'évêque ; il connaissait la rude franchise du prêtre, et conséquemment il n'était pas tranquille sur le compliment qu'il allait recevoir. Il jugea donc sage de faire les premiers pas, et abordant le chanoine d'un ton délibéré : — « Avouez, lui dit-il, qu'on se retrouve de loin, monsieur l'abbé ! Nous avons eu des destinées bien contraires... c'est vrai... Mais à la grâce de Dieu... Enfin, le passé est passé et la grande bannière se relève. Chacun de nous a suivi les inspirations de sa conscience et a cru bien faire. Au total, et par des voies diverses, nous avons tous les deux soutenu la religion ! » — Le chanoine s'inclina profondément, et d'une voix nette : — « C'est vrai, dit-il, très-vrai, Monseigneur ; vous avez soutenu la religion comme la corde soutient le pendu. »

.˙. Un prisonnier du Mont Valérien expliquait ainsi la circonstance à l'un de ses camarades : — Nous ne sommes pas tout à fait dans la Dictature, nous ne sommes pas tout à fait dans la République : nous sommes dans le Juste Milieu.

.˙. Un journal disait dernièrement qu'on serait obligé de re
voyer les articles 13, 14 et 15 de la *Constitution* à MM. N
Chapsal. Si l'on en vient là, nous aurons une *Constituti*
c'est possible, mais une Constitution *française*, parble
c'est autre chose.

MINIATURE.

On m'a dit : Il est vaniteux,
Quinteux,
Hargneux,
Et soupçonneux ;
De plus, il est atrabilaire ;
Chétive est son instruction,
Pauvre, son éducation ;
Il est dur par complexion,
Et plus âpre par caractère.
Ajoutez, et c'est important,
Qu'il est insolent,
Sans talent,
Qu'il est ladre quoique opulent,
Que sa vie est tout un mystère ;
Qu'en l'âme il n'a pas d'équité
Dans l'esprit de lucidité ;

Qu'il est emporté,
Entêté,
Encroûté,
Et que, par sotte vanité,
D'être pire il ne désespère.

Vu de profil ou de côté
Tel est l'homme, je vous l'atteste :
On m'avait dit la vérité,
Mais, de face, on l'avait flatté,
Afin de m'épargner le reste.

.˙. Le barbier du roi Midas vient d'arriver en ambassade
extraordinaire à Paris, pour interroger l'Académie des Sciences
morales sur la question de savoir si l'argent pouvait se marier
sans indécence avec l'argent dans le but de procréer de l'argent? Nous attendons une communication officielle de la
réponse.

.˙. Dans un siècle assez sourd pour être inattentif au langage effrayant de l'Éternel, nous ne serions pas très-scanda-
sés qu'un missionnaire de l'avenir usurpât le masque impas-
sible et se plût à contrefaire la voix moqueuse du démon pour
lancer au milieu du monde une grêle de vérités nécessaires.

.˙. Lorsque l'on parle (et l'on ne parle plus que de cela) ‹
signer un nouveau pacte social entre les arts, la science et ‹
dévouement, afin que les multitudes aient à se répartir ‹
groupes harmonieux et en splendides colonies sur la terre, l‹
enfants de l'Église (qui font en ce moment, dans l'hôpital de‹
Civilisation, leur métier de gardes-malades) assurent naïveme‹
qu'il suffirait pour venir à bout de ces merveilles d'un acte ‹
contrition prononcé entre deux sacrements : ils ajoutent qu'c‹
ne peut aimer son prochain comme soi-même, si ce n'est po‹
l'amour de Dieu. Le dix-neuvième siècle n'est pas de cet avis‹
le Socialisme préfère en appeler aux juifs et nous proposer u‹
commandite. En vertu du progrès qui progresse aujourd'h‹
de plus en plus progressivement, les phalanstériens ne no‹
demandent qu'une somme infinitésimale de 25 millions, afi‹
de nous livrer au bout de quelque temps l'échantillon d'u‹
tout petit village d'essai dont l'imitation fera le tour du mond‹
comme un éclair. Parole d'honneur! L'estampe qui représent‹
cet Eldorado futur se vend sept livres dix sous au coin de l‹
rue du Bac. C'est donné.

.˙. Il y a plus de socialistes dans le mois de juin que dan‹
tous les autres mois de l'année, parce que c'est dans ce moi‹
que le mercure monte à son plus haut degré dans le thermo‹
mètre.

ÉVÉNEMENT UNIVERSITAIRE.

M. Yanoski, professeur d'histoire au lycée Corneille, chargé par M. Carnot d'inaugurer le discours français, en pleine Sorbonne, le jour de la distribution des prix du concours, s'est acquitté de sa tâche, sinon en homme éloquent, du moins en homme d'esprit.

Il a établi qu'en France, où tout change à peu près tous les quinze ans, le gouvernement, les mœurs et les hommes, il est une chose, mais une seule, dont l'immobilité, l'immutabilité semble défier les révolutions, et qui doit résister à tous les ébranlements. Cette chose c'est l'Université. Aujourd'hui, en effet, cette fille aînée de nos rois est ce qu'elle a toujours été, et l'on serait tenté de croire qu'elle est arrivée de Charlemagne à Napoléon sans passer par aucun intermédiaire. Les moindres tentatives de changement, au dire de M. Yanoski, seraient des essais compromettants pour elle ; et cela, il nous l'a prouvé jusqu'à l'évidence, en prononçant un discours français qui a fait regretter aux professeurs, aux élèves et aux mères de famille elles-mêmes le discours latin d'autrefois.

Pour se donner raison comme orateur, M. Yanoski n'a pas hésité à se donner tort comme écrivain ; il y a dans cette conduite un côté spirituel qui ne manque pas d'un certaine originalité.

On a trouvé sur un des forts des environs de Paris, signé
nom de Louis-Philippe, ce vers latin :
Sic vos non vobis nidificatis aves.
Virgile serait furieux de ce nouveau plagiat.

.˙. On est venu nous dire qu'un abominable ennemi de la pr
priété, dont la pudeur nous empêche de prononcer le nom,
se proposait pas moins que de creuser dans notre globe subl
naire, à l'endroit juste où se trouve la France, un trou de qu
rante mille lieues quarrées, en longueur, largeur et profo
deur, sur lequel toute notre population, isolée comme u
oiseau, se verrait obligée d'être suspendue en camp volant av
le firmament en guise d'abri par-dessus la tête, et pas la pl
petite branche en guise d'appui par-dessous les pieds. Quo
que ce récit nous ait fait horreur, nous avons eu quelque légè
peine à le croire. Que diable, ce larron infâme n'aurait peut-êt
pas mis tous les matériaux dans sa poche !..... Cependant, c
serait bien là, comme on s'est efforcé de nous le faire con
prendre, l'abolition radicale de la propriété, dans le cas surtou
où les révolutionnaires de la même espèce que cet indigne scé
lérat, propageraient l'imitation d'un si punissable escamotag
à travers les cinq parties du monde.

.˙. Si vous ne comprenez pas ce que j'ai l'honneur de vou
dire, ayez la bonté de le relire trois fois. Le nombre trois es
cabalistique.

M. COUSIN EN SORBONNE.

Le jour de la distribution des prix du *Concours général*, on voyait, à la gauche du ministre, se prélasser avec une nonchalance toute philosophique, M. Victor Cousin, travesti en immortel.

Mécontent sans doute d'être confondu, lui, le grand prêtre de la moderne philosophie, dans les rangs obscurs des comparses, et de se voir relégué sur l'arrière-plan d'une scène où jadis il avait figuré dans tout l'éclat du premier emploi, il s'était affublé du frac d'académicien.

C'était un moyen de se faire remarquer ; et le déguisement lui a réussi.

Toutefois, chacun a trouvé que, dans la circonstance, un pareil accoutrement était du plus mauvais goût, et les professeurs ont été profondément blessés de ce que leur dignitaire le mieux rétribué se permît, dans un jour aussi solennel, de paraître sous d'autres insignes que ceux dont l'Université paye à si haut prix, chaque année, l'entretien et même le renouvellement.

Il ne faut pas oublier que, si M. Cousin est un philosophe théoricien, il est de plus un *économiste essentiellement pratique.*

∴ D'après la marche imprimée à la société française dès lendemain du fameux édit de Nantes, — l'agriculture s'étai noyée dans l'industrie, l'industrie dans le commerce, et commerce dans l'agiotage, — les probabilités sont que tout monde chez nous aurait fini par devenir agioteur et par joue à la bourse. — Qu'en pense le représentant Coquerel?

L'illustre Caton, qui jouit d'une réputation très-héroïqu parmi les sans-culottes anciens et modernes, prêtait sa femm à l'avocat Hortensius et se faisait servir exactement la rente parce que, disait cet usurier sublime, on fait tout ce qu'on ve de sa propriété d'après le droit romain.

Lorsque l'on peut loger dans sa propre maison, on ne s'in quiète pas de la quittance à l'époque du terme ; lorsque l'o cultive sa propre terre, on ne se met pas martel en tête pou les loyers du fermage ; lorsque l'on fait un emprunt à de brave amis, on n'est pas susceptible de se ruiner en escomptes. Il a heureusement du vrai dans ce triple aperçu du citoye Proudhon.

.·. Le public est prié de se dire qu'il existe une différence énorme entre le patrimoine et la propriété.

.·. La propriété, c'est ce que vous voudrez ; mais le patrimoine, c'est autre chose.

.·. Si toutes les familles de France eussent continué de vivre, de génération en génération, dans leur patrimoine héréditaire, au lieu de devenir les commensaux du Carrousel et de l'OEil-de-Bœuf, le citoyen Proudhon n'aurait pas eu l'idée de son initiative sur la réduction des loyers et des fermages.

.·. Les anciens pouvoirs historiques laissaient quelque chose à leurs héritiers en forme d'apanage ; l'Enfant prodigue avait la conscience de sa fortune, même lorsqu'il était réduit à garder les pourceaux.

.·. Ce sont beaucoup plus les mauvaises mœurs que les nombreuses familles qui rompent à la longue l'équilibre entre les patrimoines.

.·. Un ladre qui n'a point de propriétés au soleil se croit tout à fait dispensé de politesse ou d'amour envers son frère ; un gueux de la catégorie de ceux qui ne portent pas de haillons, se laisse aller à croire qu'il pourrait bien être d'une boue plus distinguée que son prochain.

.˙. Les temps sont quelque peu modifiés depuis 1789 ; à présent les armées révolutionnaires n'entendent plus travailler gratuitement pour le compte de leurs états-majors.

.˙. Voilà près d'un demi-siècle tantôt que l'on renverse périodiquement des trônes. Le métier nous semble avoir son côté brillant, mais il ne fait pas bouillir la marmite populaire.

Enfermé depuis quelques minutes sous les verrous du donjon de Vincennes, tandis que, au bas de ce même donjon, les héros de 1830 s'évertuaient à chanter la Marseillaise, M. de Peyronnet, invité par les gardes nationaux qui venaient de l'écrouer, à dire franchement s'il désirait quelque chose : — Mon Dieu, non ! répondit avec simplicité le captif ; priez seulement vos amis de se mettre d'accord.

.˙. M. Proudhon pourrait bien être le signe précurseur d'une importante résurrection, celle des corporations industrielles, pillées et dispersées par les usuriers, les parlementaires, les gallicans et les rois sur les marches en ruine de l'édifice du moyen âge. — Mais peut-être qu'il ne le sait pas !

.˙. Comment créditer telle ou telle industrie si nous n'avons que des individus et des industriels?

.˙. Des industriels dispersés entre eux et déshérités de tout lien de ralliement solidaire, ne représentent pas plus l'ensemble de telle ou telle industrie proprement dite, que les parcelles de limon qui devaient former le corps d'Adam ne représentaient l'homme avant que Dieu les coordonnât dans une série de rapports harmoniques et les animât de son souffle.

COLLABORATION.

Je viens vous proposer une excellente affaire;
    Un livre à deux, un ouvrage en commun;
En de très-longs calculs, j'ai, de façon très-claire,
    Établi la part de chacun.
    Seul d'abord vous ferez l'ouvrage :
A deux l'on va moins vite, et puis l'on fait moins bien ;
    Mais quand viendra la vente ou le partage
Vous n'aurez plus alors à vous mêler de rien.

Nous assistons à la double singularité d'une armée en déroute et d'un état-major en bonne fortune.

∴ Les Constitutions écrites ne sauraient avoir de valeur
qu'entre les âmes chez lesquelles la franchise a fait élection de
domicile, et, comme de raison, ces âmes-là sont toujours à
même de s'en dispenser.

∴ Est-ce que l'on doit opposer des textes quelconques aux
flèches d'Ésaü et à la massue de Caïn?

∴ Les stipulations qui, dans une heure de trêve, se
paraphent entre deux égoïsmes, ne sont que des réserves de
poudre et de sournoises déclarations de guerre.

MM. RAFFLE ET Cie.

Huit héritiers avaient à se partager 87,000 francs : c'était
un assez joli denier, surtout pour des gens qui n'en avaient
pas besoin. Au moment du partage, en très-bons parents qu'ils
étaient, ils ne purent s'entendre. On eut recours à des avoués
très-connus et fort honorés ; ils le sont tous ! Grâce aux lumières
de ces messieurs, la question, comme de juste, s'obscurcit,
l'affaire s'embrouilla, et, de très-simple qu'elle était, elle
devint bientôt inextricable.

Un procès vivement engagé d'abord, traîna pendant trois
années et aboutit après des pourparlers, des courses, des

nnuis, des disputes et des plaidoiries sans fin, à un jugement
qui dessina d'une manière nette la position de chacun des
cohéritiers.

Des 87,000 francs, il ne restait rien; dame Justice avait
tout englouti, et les pauvres plaideurs s'estimèrent très-heu-
reux de n'avoir à rapporter ès-mains des avoués, pour parfaire
les frais de la procédure, qu'une somme de 1,700 francs,
chacun! Qu'on se le dise.

.˙. Dieu seul est en puissance de dicter les termes d'une
transaction vraiment efficace entre l'égoïsme qui possède et
l'égoïsme qui ne possède pas.

.˙. C'est parce que nous désirons tous la même chose que
nous sommes irréconciliables.

.˙. Deux sentiments, dont il résulterait l'harmonie la plus
agréable, sont assez difficiles à faire éclore : 1° la Charité dans
le cœur du pauvre; 2° l'Humilité dans le cœur du riche.

.˙. Nous savons à peu près déjà qu'une mauvaise Monarchie
ne diffère pas essentiellement d'une mauvaise République.
Nous désirerions savoir maintenant sous quels rapports essen-
tiels une bonne République différerait en réalité d'une bonne
Monarchie?

⁂ Nous ne le nions pas le moins du monde, les Socialist
tournent le dos à la Vérité ; mais, — il est bon de leur rend
cette justice, — ils la cherchent..

⁂ L'insolence de ces malheureux est de se flatter qu'i
remplaceront dans notre estime, à force d'imaginations ér
tiques et d'images incendiaires, le charme des institutions
franchise et de pudeur que dix-huit cents ans de Catholicisn
ont fait rayonner dans le monde.

⁂ C'est évidemment pour qu'un vif instinct de honte sa
sisse le dix-neuvième siècle au collet que Dieu tolère un
minute ou deux l'effronterie de ce parallèle.

⁂ Lorsqu'on y regardera de plus près, on trouvera bie
quelques rapports de fraternité, ce nous semble, entre le
loups-cerviers et les ânes rouges !

⁂ Les cas de conscience en matière de crédit ont reç
dans tous les temps des solutions largement populaires à l
cour de Rome, et les républiques les plus ivres d'idéal et de
fraternité n'atteindront à rien de comparable aux décision
que le magnifique bullaire d'Innocent III signifiait aux princi-
pautés catholiques de l'Europe, pendant la splendeur du
moyen âge.

.˙. Depuis que nous avons aboli la Dîme, nous payons le Quint.

.˙. On demande avec toute la déférence nécessaire à MM. Rotschild frères et consorts, la permission de considérer l'usure comme le chancre du corps social.

.˙. L'argent n'est en dernière analyse que la contre-marque de la terre.

.˙. Ce ne sont pas ceux qui possèdent le sol que l'on doit regarder comme les grands propriétaires ; ce sont ceux qui possèdent des sous.

.˙. J'avoue que la force du nombre me paraît appartenir au parti du prolétariat, mais je vois que la force de l'organisation se dessine avec assez d'avantage dans les rangs de la bourgeoisie.

Le propriétaire a par devers lui pour essayer de conserver son trésor les mêmes raisons que le voleur a pour essayer de le lui prendre. Il ne s'agit que d'un seul et même objet envisagé par tous à la fois sous ses deux faces.

Les ouvriers de M. Domange, communistes avoués et très-ardents socialistes, ont offert à M. Proudhon, pour son cau--tionnement, une nuit de leur travail ; c'est entre ses mains, dit-on, qu'ils en ont fait le versement.

THÉATRES.

Établissons rapidement le bilan des théâtres depuis les vacances de la Saint-Jean.

LE THÉATRE DE LA NATION a tout simplement entrebâillé ses portes; les divertissements qu'il a offerts au public n'exigeaien pas qu'il les ouvrît à double battant;

LE THÉATRE DE LA RÉPUBLIQUE a donné une petite comédie due à la collaboration de MM. Decourcelles et Barrière, homme très-capables de faire, chacun de leur côté , une œuvre légère, mais qui, cette fois, se sont trop reposés l'un sur l'autre du soin de défrayer leur comédie de tout l'esprit qui lui manque;

L'OPÉRA-COMIQUE, avec son répertoire qui le rajeunit sans même le renouveler, a vu le public lui revenir et la foule assiéger ses portes;

L'ODÉON, ce berceau, ou plutôt cette tombe de tant d'œuvres qui naissent et meurent sans laisser trace ni souvenir, a donné un drame imité de Byron, et deux comédies qui semblaient exhumées des cartons poudreux de l'antépénultième direction.

Le *Werner* de M. Charles Lafont a obtenu un légitime succès; mais il est probable que le commissaire, M. Mauzin, par suite des traditions du théâtre, fera très-prochainement disparaître de l'affiche une pièce tout à fait digne de prendre place au répertoire.

Les Femmes Fortes de M. Barbier sont un petit filet de

rimes élégantes qui coulent en clapotant sur un fond commun et vulgaire. Cette comédie a très-peu fait rire; mais en revanche elle a été beaucoup applaudie.

Vandick à Londres est un je ne sais quoi en trois actes, que les auteurs ont baptisé du nom de comédie par la nécessité de donner un nom à la chose; mais une suite de scènes sans motifs, sans lien, sans style et sans esprit, forment un tout qui se réduit à si peu de chose que cela peut être justement considéré comme rien. Pareilles pièces n'arriveraient jamais au public dans un théâtre qui ne serait pas livré à un comité de lecture.

LE THÉATRE-HISTORIQUE a repris la *Marâtre* de M. de Balzac. Il a joué, en outre, un proverbe en trois actes de M. de Musset. Ce théâtre, approprié aux peintures à fresques et aux badigeons de M. Alexandre Dumas, convient peu à l'exposition des dessins coquets et fins de M. de Musset.

LA PORTE SAINT-MARTIN a vomi au nez du public la poésie sans nom de M. Vaquerie. *Tragalbadas* s'est écroulé sous une double tempête de huées et de sifflets. *Métier d'auteur, métier d'oseur*, disait Beaumarchais; mais il n'entendait pas qu'on dût pousser l'audace jusqu'à exciter l'indignation et soulever le dégoût. C'est là ce qu'a fait M. Vaquerie.

Imprimerie de Claye et Taillefer, 7 rue Saint-Benoit.